DATE DUE

DANIELA ALESSANDRONI - SABRINA CITTADINI

MADE IN ITALY
Letture verso il 2000

**Testo per l'insegnamento
della civiltà e della cultura italiana
nei corsi di livello intermedio**

EDIZIONI GUERRA

35915044

3-13-07

© Copyright 1996 - Guerra Edizioni

Tutti i diritti riservati

ISBN 88-7715-190-0

3.   2.
1999   98   97   96

INDICE DEGLI ARGOMENTI

1.
ATTUALITÀ:

L'occasione e l'uomo ladro.. pag. 11

Il giudice in trincea.. " 15

La marcia per la pace .... " 23

Il calo delle nascite.. " 27

Chiesa e fede.. " 31

Mea culpa.. " 37

La marca, garanzia di qualità.. " 43

2.
CINEMA:

Un cinema che si rinnova .... " 49

Oscar... " 53

3.
PUBBLICITÀ:

La lingua della pubblicità.. " 61

4.
NATURA:

Nuovi parchi .... " 75

Le organizzazioni .... " 77

Referendum.. " 83

5.
ENOLOGIA:

Argiano .... pag. 89
Sua maestà il Brunello.. " 94

6.
RACCONTI MODERNI:

La narrativa contemporanea

LEONARDO SCIASCIA
    Il cavaliere e la morte.. " 102
ALBERTO BEVILACQUA
    La donna delle meraviglie .... " 104
MARCELLO D'ORTA
    Io speriamo che me la cavo................................. " 106
LUCA GOLDONI
    L'americana... " 108
GENE GNOCCHI
    Il signor Leprotti è sensibile............................... " 111

7.
PASSATEMPO:

Inglesi .... " 117
Sguaiati sganasciosi.. " 117
Cappuccino, Lampadina, Pessimista, Motivo.......... " 118
Cruciverba .... " 121
Test .... " 124

PREMESSA

Caratteristica principale di questo lavoro è la conoscenza dell'Italia vista in tanti suoi aspetti che la rendono famosa, nel bene e nel male, nel mondo.

Il testo è destinato soprattutto a studenti stranieri che siano già in possesso di alcuni elementi linguistici di base e l'obiettivo principale è quello di offrire strategie di comunicazione tali da permettere una maggiore acquisizione della competenza della lingua italiana. E' stato curato in maniera particolare l'ampliamento del lessico con appositi questionari e con esercizi finalizzati alla ricerca del termine esatto, con lo scopo di approfondire anche alcune strutture grammaticali.

" (...) il discente si sente realmente motivato se viene stimolato a smontare ed a rismontare il 'giocattolo lingua' e, quindi, a riscoprire i diversi tipi di rapporti che legano tra di loro i singoli 'pezzi', e a rendersi conto della funzione a cui è chiamato ogni singolo 'pezzo' (...) " [1].

Ci è sembrato importante evidenziare, per un completamento didattico dell'italiano, la funzione e l'uso della nostra lingua in base alle varietà di codici, registri e linguaggi settoriali.

La politica, la storia, la natura, l'ecologia, l'enologia, la letteratura, la pubblicità: tanti aspetti di un mondo in continua evoluzione e proiettato verso il futuro, ritagliati da riviste, quotidiani, periodici e libri.

Inoltre, per una verifica finale delle competenze acquisite, sia orali che scritte, abbiamo creato un'area di discussione e di composizione guidata, in un contesto dinamico e attuale.

Le autrici

---

[1] Cfr. D. Santamaria 1986, p. 61.

Avvenimenti

Cronache dall'Italia

fatti e commenti

L'OCCASIONE E L'UOMO LADRO

*D*opo Tangentopoli è arrivata Affittopoli e subito dopo Parentopoli e infine Invalidopoli.

Aleggia da decenni lo scandalo più corposo che potremmo chiamare Evasopoli, con riferimento all'evasione fiscale.

Tangentopoli fu la madre di tutti gli scandali e indignò grandemente la pubblica opinione. Improvvisamente molti milioni di italiani che avevano tenacemente votato per trent'anni di fila DC, PSI, PCI, scoprirono che la classe politica, senza eccezioni, era composta di corrotti e reclamarono giustizia pronta, severa e definitiva. (...) Affittopoli e Invalidopoli colpirono l'immaginazione degli italiani ancora di più dei casi di corruzione messi in luce da Mani Pulite.

Si trattava infatti di questioni che interessavano tutti.

Se molti Vip, in virtù di amicizie, si sono procurati una casa ad equo canone, evidentemente l'hanno sottratta a qualcun altro; e se un finto invalido, in virtù di raccomandazioni, è stato assunto in un'azienda, ciò è avvenuto anche in quel caso sottraendo il posto a qualcun altro, magari ad un invalido vero. (...)

C'è chi s'indigna per amore delle regole e della morale; ma sono pochi, anzi pochissimi. La maggior parte di chi s'indigna si sarebbe comportato esattamente come coloro che hanno abusato della fede pubblica: avrebbe pagato o accettato tangenti, avrebbe sollecitato raccomandazioni per avere una casa ad equo canone e avrebbe ugualmente sollecitato raccomandazioni per essere assunto come invalido. La rabbia viene non perché qualcuno ha violato le regole ma perché non siamo stati noi a poterlo fare. E' così non soltanto in Italia ma più o meno in tutti i paesi del mondo. E' l'uomo che è fatto così: pensa al proprio tornaconto e lo scambia per giustizia e condanna come infame lo stesso comportamento praticato da altri.

libero adattamento da "Il Venerdì di Repubblica", 24 ottobre 1995

 A | **Rispondere alle domande**

1. Quali sono gli scandali che in questi ultimi tempi hanno coinvolto l'-Italia?
2. Che cosa rappresenta Tangentopoli?
3. Perché gli italiani sono indignati?
4. E' un fenomeno soltanto italiano?
5. Perché l'uomo, in senso generale, pensa ai propri vantaggi?

B | **Spiegare il senso delle seguenti espressioni**

tangentopoli ....

affittopoli ....

parentopoli ....

invalidopoli ....

evasopoli ....

mani pulite ....

C | **Scrivere il sinonimo delle seguenti parole**

Vip ....

equo canone ....

azienda ....

tangente ....

rabbia ....

D | **Scrivere da quale parola derivano i seguenti avverbi**

grandemente .... evidentemente ....

improvvisamente .... esattamente ....

tenacemente............................ ugualmente ....

E | **Discussione**

1. Lei è a conoscenza di questi fenomeni che hanno coinvolto l'Italia?
2. Ha sentito parlare di A. di Pietro e di "Mani Pulite"?
3. I mass media del Suo paese hanno trattato questo argomento?
4. Che cosa significa la parola "tangente"?
5. Perché, secondo Lei, certi scandali coinvolgono soprattutto la classe dirigente?
6. Crede che ogni uomo di fronte ad una tentazione si comporterebbe nella stessa maniera?
7. Che cosa significa l'espressione "l'occasione fa l'uomo ladro"?
8. E' giustificata la corruzione pur di avere un posto di lavoro?
9. Fenomeni simili si sono verificati anche nel Suo paese?
10. Perché l'uomo è sempre più debole di fronte ai problemi sociali e per risolverli ricorre spesso a dei compromessi?

_____

_____

_____

_____

F | **Esercizi scritti**

1. Cosa pensa dell'Italia e di questi continui fenomeni politici e sociali che le danno una immagine di paese corrotto?

2. Come giudica questa violenta trasformazione dell'uomo e della società?

IL GIUDICE IN TRINCEA di Marco Travaglio

Un'auto blindata che sfreccia via, seguita da altre a sirene spiegate. Dentro, un uomo dai capelli precocemente bianchi, mai uno fuori posto, che guarda dai vetri fumés il mondo che gira intorno, sfuocato. Le passa così, gran parte delle sue giornate, Giancarlo Caselli, il giudice piemontese che fa il procuratore capo a Palermo, dopo aver combattuto il terrorismo rosso dalla trincea della sua Torino. Sempre superblindato e superscortato, sempre minacciato di attentati: prima dalle P38 brigatiste, ora dal tritolo e dalle bombe al plastico di Cosa Nostra (...).

Fin dentro le viscere della Piovra.
Laggiù lo chiamano "il Piemontese", con una punta di scetticismo.

E c'è chi, tanto per dargli il benvenuto, gli domanda: "Ma come farà a capire i siciliani, e soprattutto i mafiosi, se non parla una parola del nostro dialetto". Ma lui, a muso duro: "Lo studierò, sono portato per le lingue...".

Comincia subito con un colpo di fortuna, uno dei tanti che l'-hanno reso famoso. A metà gennaio del 93 - Caselli non s'è ancora insediato ufficialmente a Palermo - i carabinieri del Ros catturano Totò Riina, la Belva, il boss dei boss, nel pieno centro della città.
A condurli sulle tracce del Padrino è stato un pentito (...).

Ma qui i segreti svelati sono ancora più scottanti e clamorosi di quelli dei terroristi. Si parla del "terzo livello", quello politico, che avrebbe aiutato la mafia a prosperare e a salvarsi dai processi grazie alle assoluzioni in Cassazione (...).

Per Caselli e i suoi sostituti, un biennio che vale vent'anni di vita. Lo si vede dai loro volti invecchiati, solcati dalle rughe della fatica, dell'insonnia e della paura. Ma anche dell'indignazione per una classe politica che, anziché sostenere i magistrati nella loro pericolosa e meritoria opera, non fa che attaccarli e ostacolarli e lasciandoli sempre più soli.

Come soli erano Dalla Chiesa, Falcone, Borsellino e tutti gli altri, fino ad un secondo prima che il mafioso di turno azionasse il timer della condanna.

libero adattamento da "Mondo ERRE", 1 novembre 1994.

● *Terrorismo rosso o Brigate rosse*, dette anche BR, dalle iniziali del nome. Durante gli anni '70 combatterono lo Stato democratico uccidendo e seminando il terrore in Italia. Il loro scopo era quello di distruggere la democrazia e instaurare un regime comunista nel nostro Paese. Vennero sconfitte solo perché tutti i partiti si unirono contro di loro.

● *Piovra* o mafia.

● *Pentito o gola profonda*. E' detto chi svela ai magistrati e alla polizia i segreti di cui è a conoscenza, favorendo così le indagini e le ricerche per la cattura dei colpevoli.

● *Terzo livello*: la Mafia per i suoi sporchi traffici lavorerebbe su tre livelli.
Il primo, è costituito dalla manovalanza, cioè da quelle persone che uccidono o trafficano direttamente nella droga o nelle armi.
Il secondo livello sarebbe fatto dai capi della Mafia, di tutti i gradi, dal capo dei Killer, fino al boss dei boss.
Il terzo livello è quello dei politici e dei giudici, che proteggono e aiutano la Mafia.

A | **Rispondere alle domande**

1. Qual è il compito sociale del Giudice Giancarlo Caselli?
2. Perché è sempre superscortato?
3. Che cosa è la Piovra?
4. Che significa "terzo livello"?
5. La vita di Caselli e degli altri può definirsi tranquilla?

B | **Indicare il significato esatto delle seguenti parole:**

1. attentato
   a) tentativo criminoso contro qualcuno
   b) esecuzione criminosa contro qualcuno

2. benvenuto
   a) saluto espresso a chi viene
   b) saluto espresso a chi parte

3. assoluzione
   a) atto che libera dall'accusa
   b) atto che accusa

4. biennio
   a) spazio di cinque anni
   b) spazio di due anni

5. indignazione
   a) sentimento di rabbia
   b) sentimento di cordialità

6. opera meritoria
   a) opera di carità
   b) opera degna di merito, di stima.

Spiegare il senso delle seguenti espressioni:

1. A muso duro: ....

2. Essere portato per le lingue:...

3. Colpo di fortuna: ....

4. Il boss dei boss: ....

 Cancellare la parola estranea per significato

1. sfuocato (sfocato)
   perfetto
   confuso
   non nitido

2. rinfrescante
   bollente
   scottante
   bruciante

3. silenzioso
   clamoroso
   fragoroso
   altisonante

4. logorato
   attempato
   invecchiato
   svecchiato

5. pericoloso
   rischioso
   dannoso
   sicuro

6. disonesto
   sporco
   sudicio
   pulito

E | Discussione

1. Che cosa sa della Mafia?
2. Esistono associazioni criminose simili nel Suo paese?
3. I mass media parlano della Mafia italiana?
4. Secondo Lei esiste un rapporto fra Mafia e terrorismo?
5. Dobbiamo credere sempre giusta la collaborazione dei pentiti?
6. Lei pensa che la Mafia sia soltanto un fenomeno di alcune zone dell'Italia?
7. La giustizia è sempre immune da infiltrazioni politiche?
8. Perché dopo tanti anni di lotta la Mafia è ancora viva?
9. Secondo Lei, la parola Piovra perché è sinonimo, di Mafia?
10. Il terrorismo e la Mafia sono espressioni di una cultura passata o anche moderna?

_____

_____

_____

_____

F | Esercizi scritti

1. **Quale soluzione proporrebbe per sconfiggere la Mafia.**
2. **Descriva quali potrebbero essere i motivi che hanno fatto nascere e sviluppare il fenomeno mafioso.**

LA MARCIA PER LA PACE

*L*a Marcia per la Pace Perugia-Assisi del 24 settembre rappresenta per l'Umbria un'occasione ed un impegno di straordinario rilievo.

Essa si colloca in maniera ricca ed originale nell'ambito delle manifestazioni per il cinquantesimo anniversario delle Nazioni Unite. (...) Il terribile conflitto nei territori della ex Jugoslavia, la ripresa degli esperimenti nucleari da parte della Francia, le numerose e spesso dimenticate guerre del Sud del mondo, il permanere e l'acuirsi di un enorme divario fra paesi ricchi e paesi poveri, le tante violazioni dei diritti umani in ogni angolo del pianeta: l'Organizzazione delle Nazioni Unite mostra tutta la sua inadeguatezza e difficoltà. Da qui un programma che, insieme e intorno alla Marcia, pone in modo netto l'esigenza di una profonda riforma dell'ONU che faccia di questo organismo il soggetto capace di prevenire e governare i conflitti, di modificare in senso più giusto e solidale l'ordine internazionale, di costruire quell'embrione di governo mondiale che in tanti abbiamo auspicato al termine del confronto militare tra Est e Ovest (...).

La Marcia infine, con la presenza di delegazioni di oltre 200 paesi del mondo, vuole essere un momento di incontro e di testimonianza, un richiamo alla responsabilità di ognuno, una sollecitazione ai governi perché raccolgano la volontà di pace dei loro cittadini e la traducano in politiche e comportamenti concreti.

libero adattamento da "Umbria-Regione", n. 60, 15 settembre 1995

LE PAROLE DELLA PACE

A | Rispondere alle domande

1. Dove si svolge la Marcia per la pace?
2. Qual è il fine di tale Marcia?
3. Perché è importante la funzione dell'ONU?
4. Quali sono le violazioni dei diritti umani?
5. Qual è l'impegno di ogni governo?

B | Cercare nel brano il verbo corrisp. ai seguenti nomi

marcia..

impegno ....

manifestazione ....

esperimento................................

violazione....................................

programma ....

esigenza...

confronto..

testimonianza....................................

sollecitazione.....................................

C | Mettere in ordine le seguenti parole

1. bisogno - me? - hai - di.
2. te? - posso - per - qualcosa - fare.
3. Posto - c'è - anche - te - per.
4. c'è - che - va? - cosa - non.
5. asciugare - lacrime - non - fazzoletto - volevo - le - avevo - tue - ma - il.

D | Completare le frasi con le preposizioni convenienti:

1. La Marcia ..... la Pace Perugia-Assisi ..... 24 settembre.
2. Impegno ..... straordinario rilievo.
3. Manifestazioni ..... il cinquantesimo anniversario dell'ONU.
4. Esperimenti ..... parte della Francia.
5. Enorme divario ..... paesi ricchi e paesi poveri.
6. Confronto militare ..... Est ed Ovest.
7. La volontà ..... pace.

 E | Discussione

1. Che cosa pensa del disegno eseguito da alcuni bambini della scuola elementare?
2. Conosce la Marcia per la Pace Perugia-Assisi?
3. Ha mai partecipato ad una manifestazioni simile?
4. Perché nel mondo esplodono tante guerre?
5. E' giusto parlare soltanto di alcuni territori in conflitto e di altri no?
6. Qual è la Sua opinione sugli esperimenti nucleari, fatti a Mururoa?
7. Il primo desiderio di tutti gli uomini del mondo è di conquistare la pace nel mondo, anche per Lei?
8. Pensa che in Italia esistano problemi di razzismo?
9. Secondo Lei i giovani sono sensibili al problema della pace?
10. Che cosa è, per Lei, la violazione dei diritti umani?

 F | Esercizi scritti:

1. Secondo Lei, come si potrebbe arrivare alla pace nel mondo?
2. Scriva qualche slogan sulla pace.

IL CALO DELLE NASCITE

Ci preoccupiamo e ci agitiamo per la scomparsa del panda, le piogge acide, il buco dell'ozono, e intanto l'Italia precipita verso un'inesorabile desertificazione umana.

Mentre il pianeta scoppia di gente, gli italiani sono a rischio di estinzione.

Non si fanno più figli e i pochi che verranno saranno circondati da arzilli nonni e bisnonni. Fra qualche decennio ci sarà un bambino su dodici anziani (...).

Libero adattamento da "Il Venerdì di Repubblica", 17 novembre 1995.

Il numero medio dei figli per donna è sceso

        nel 1960 .... al 2,41
        nel 1989 .... all'1,30
        nel 1992 .... all'1,25
        nel 1995 .... all'1,19

(Istituto di ricerche sulla popolazione del C.N.R.)

Le coppie che hanno tre o più figli sono il 13% delle coppie con figli.
Le famiglie con un solo componente sono passate da 1.410.232 del
1961 a 4 milioni del 1991.

(Indagine ISTAT)

A — Vero o falso

	V.	F.
1. Gli italiani si interessano ai problemi ecologici	❏	❏
2. Il nostro paese diventerà un deserto	❏	❏
3. In Italia si fanno molti figli	❏	❏
4. Fra qualche anno saremo più anziani che giovani	❏	❏
5. Le famiglie con un solo componente sono in aumento	❏	❏

Cancellare la parola estranea per significato

1. scomparsa
   apparizione
   sparizione
   perdita

2. desertificazione
   spopolamento
   diminuzione
   incremento

3. buco
   foro
   abisso
   fessura

4. gente
   persone
   folla
   individuo

5. estinzione
   aumento
   esaurimento
   fine

6. arzillo
   vivace
   pigro
   agile

C

Spiegare le seguenti forme verbali

ci preoccupiamo...

ci agitiamo   ....

si fanno   ....

ci sarà   ....

D

Descrivere una frase con le seguenti forme

Intanto   ....

Mentre   ....

Durante   ....

Nel frattempo..

E | Completare la frase con le preposizioni convenienti

1. L'automobile correva ..... velocità ..... sessanta Km ..... ora.
2. Parto ..... Milano ..... rapido ..... venti e trenta.
3. Le coste ..... Liguria sono pittoresche.
4. Ho incontrato Maria ..... la folla.
5. Stasera andremo ..... centro ..... mangiare una pizza, poi ..... discoteca insieme ..... altri amici.
6. Mi alzo tutte le mattine ..... otto in punto.

 F | **Discussione**

1. La famiglia, con la industrializzazione e la modernizzazione forse sta sparendo?
2. Il nuovo ruolo della donna e dell'uomo nella società, la crisi economica, possono essere dei motivi per fare meno figli?
3. Immagini una società di soli anziani: è un quadro positivo o negativo?
4. Questo problema esiste in Italia, nel resto del mondo cosa succede?
5. In alcuni Paesi c'è il fenomeno inverso: il sovraffollamento che causa problemi ben più gravi. Perché l'uomo non trova un equilibrio?
6. Qual è il Suo concetto di famiglia?
7. In Italia sono diminuite le nascite, ma aumentano le richieste di adozione. Esiste un rapporto fra questi due problemi?
8. Ama essere un/una "single"? Per costrizione o per scelta?
9. In Italia esistono ancora famiglie molto numerose, principalmente nel sud: è un fattore culturale?
10. I principi religiosi sono da prendere in considerazione?

G | **Esercizi scritti**

1. Parli della Sua famiglia. Quando due persone si uniscono quali sono i principali scopi da seguire?

CHIESA E FEDE Ricerca sugli italiani ed il Cattolicesimo

Un popolo di credenti e di creduloni, di praticanti e di dubbiosi, di osservanti e di dissidenti.

Un popolo oscillante tra solidarismo e desiderio dell'uomo forte, tra tolleranza e pregiudizio razziale.

Ecco l'Italia delle mille contraddizioni come viene tratteggiata in una recentissima ricerca dell'Università Cattolica.

L'indagine è destinata ad essere il centro del terzo Convegno della Chiesa italiana: da lunedì 20 novembre 1995 a Palermo, con l'intervento di papa Wojtyla.

E' una delle ricerche più approfondite mai condotte in Italia: 312 questionari, 4.500 interviste in 166 comuni a un campione di uomini e donne tra i 18 e 74 anni.

Autori di questa indagine sono 5 sociologi e dei professori universitari.

libero adattamento tratto da "Panorama", 23 novembre 1995.

LA PRESENZA DEI CATTOLICI

	%
Cattolici	88,6
Testimoni di Geova	0,6
Protestanti	0,7
Ortodossi	0,1
Ebrei	0,02
Musulmani	0,6
Buddisti	0,3
Altro	0,3
Senza religione	8,8

1

CREDENTI E OSSERVANTI

	%
Credo in Gesù Cristo e negli insegnamenti della chiesa cattolica	53,5
Credo in Gesù Cristo ma solo in parte negli insegnamenti della chiesa cattolica	30,5
Sono credente, ma di religione non cattolica	2,2
Credo in Dio o in una realtà superiore, ma non appartengo ad alcuna religione specifica	6,4
Penso che non esista alcun Dio o realtà superiore	2,8
Sono in ricerca	2,7
Non mi interessa, non saprei	1,8

2

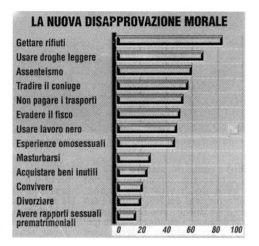

LA NUOVA DISAPPROVAZIONE MORALE

Gettare rifiuti
Usare droghe leggere
Assenteismo
Tradire il coniuge
Non pagare i trasporti
Evadere il fisco
Usare lavoro nero
Esperienze omosessuali
Masturbarsi
Acquistare beni inutili
Convivere
Divorziare
Avere rapporti sessuali prematrimoniali

0 20 40 60 80 100

3

CHI CREDE NEL PARANORMALE

Telepatia	37,9
Influssi degli astri sui comportamenti delle persone	31,5
Malocchio, maledizione	30,4
Possibilità di alcuni di mettersi in contatto con i defunti	28,2
Esistenza di spiriti, potenze malefiche che influenzano gli uomini	25,6
Poteri che si manifestano nelle sedute spiritiche	16,8
Possibilità di conoscere il destino dell'uomo leggendo la mano	16,7
Capacità dei maghi di risolvere i problemi e prevedere il futuro	8,7

4

Rispondere alle domande

1. Come viene definito il popolo italiano?
2. L'inchiesta sarà al centro di un Convegno, quale?
3. Ci sarà anche l'intervento del Papa?
4. Quante interviste sono state fatte?
5. Chi sono gli autori di questa inchiesta?

Cancellare l'aggettivo estraneo per significato

1. credente
   religioso
   incredulo
   devoto

2. praticante
   professante
   osservante
   ateo

3. credulone
   ingenuo
   scettico
   credulo

4. fiducioso
   incerto
   dubbioso
   indeciso

5. dissidente
   consenziente
   discorde
   dissenziente

6. recente
   attuale
   vecchio
   nuovo

Cercare il nome corrispondente ai seguenti verbi

usare ....   acquistare ....

tradire...   convivere ....

pagare ....   divorziare...

evadere ....   interessare ....

D | Cancellare la parola estranea per significato

1. solidarietà
   partecipazione
   aiuto
   indifferenza

2. tolleranza
   insofferenza
   pazienza
   comprensione

3. intervista
   colloquio
   monologo
   dialogo

4. pregiudizio
   preconcetto
   prevenzione
   giudizio

5. contraddizione
   contrasto
   approvazione
   opposizione

6. ricerca
   indagine
   inchiesta
   scoperta

E | Cercare l'aggettivo corrispondente

1. rifiuti   leggera
2. droga   veloce
3. trasporto   cattolica
4. lavoro   solidale
5. religione   maleodoranti
6. mago   credente
7. uomo   recente
8. inchiesta   indovino
9. Chiesa   ortodossa
10. iniziativa   faticoso

F | Discussione

1. Conosce la percentuale delle varie religioni del Suo Paese?
2. Spieghi le parole: credente, osservante, praticante.
3. Perché le persone più anziane sono più praticanti dei giovani?

4. Osservi la tabella n. 3. Secondo Lei, è giusto che la voce "gettare rifiuti" occupi il primo posto?
5. Conosce le sette religiose? Che cosa ne pensa?
6. Secondo Lei, ci sono dei principi della religione cattolica o di altre, da modificare?
7. In Italia la religione è materia di insegnamento nelle scuole, anche nel Suo Paese?
8. Lei crede nei fenomeni paranormali?
9. E' mai andata da un mago, da un chiromante o da un cartomante?
10. Lei legge gli oroscopi? Gli astri possono influenzare la nostra vita?

G | Esercizi scritti |

1. Descriva quali sono, secondo Lei, le disapprovazioni morali. Riproduca una tabella simile a quella del testo.

MEA CULPA

*C*ome milioni di italiani anch'io faccio considerazioni assennate sulla crisi dell'università. Penso cioè che il problema numero uno sia quello di una fabbrica che continua a sfornare un prodotto anche quando il mercato non lo assorbe più. Certo, i problemi dell'università sono anche altri: per esempio che sforna prodotti scadenti. Però insisto sul fatto che il problema di fondo resta il primo: anche se i laureati in medicina, ingegneria, architettura o scienze politiche potessero tutti aspirare al premio Nobel, non ci sarebbe lavoro per tutti perché la nostra società già da tempo straripa di medici, ingegneri, architetti e avvocati.

(...) si è riscoperto qualcosa di vecchio, di cui si credeva di poter fare a meno e che invece è indispensabile: il lavoro manuale.

Io, e milioni di italiani come me, siamo testimoni di infiniti episodi che dimostrano l'indispensabilità del lavoro manuale anche in una società moderna: falegnami che bisogna prenotare due mesi prima come si fa con il cardiologo, carrozzieri che non ci possono riverniciare il parafango ammaccato perché non trovano personale, idraulici che si fanno sospirare per settimane e, quando finalmente vengono, fanno la riparazione a metà, perché non hanno imparato bene il mestiere (...).

Io e milioni di italiani come me pensiamo che molti giovani si contraddicono quando protestano contro la disoccupazione giovanile e poi si iscrivono all'università sapendo che produce disoccupati. E pensiamo che bisognerebbe cominciare delle campagne di persuasione, sui giornali, alla televisione, dappertutto, per spiegare ai giovani che una società tutta formata di laureati o di uscieri dell'INPS non può funzionare.

Certo, non è facile riprendere il vecchio concetto che il lavoro nobilita l'uomo. Anche perché probabilmente non lo nobilita affatto. Però lo aiuta a tirare avanti, può dargli qualche soddisfazione, non lo limita socialmente e neanche intellettualmente.

Infatti un tappezziere d'auto, se ha degli interessi culturali, può coltivarseli lo stesso e può chiudere la bocca a un professore d'università.

Siamo in tanti a ritenere che il lavoro manuale va rivalutato (e già di fatto lo stiamo rivalutando perché quando finalmente ci arriva in casa il falegname lo festeggiamo come un parente e lo ringraziamo come sant'Antonio). Io e milioni di italiani come me pensiamo dunque che il lavoro artigiano sia più sano, più ecologico, più sereno, meno alienante e che se riusciremo a convincere di ciò i nostri figli il futuro sarà meno buio.

Però io ho iscritto mio figlio all'università e milioni di italiani hanno fatto altrettanto.

Nessuno di noi pensa che un problema di ordine generale riguardi anche lui in particolare.

Nessuno è sfiorato dal dubbio che una società è formata di singole persone: e se ogni persona pensa che bisognerebbe fare una cosa giusta, però lui non la fa, questa cosa non la fa nessuno.

Il vero problema italiano è che stiamo andando tutti, ciascuno col suo buonsenso, verso una società senza senso.

libero adattamento da "Fuori tema", di Luca Goldoni

LE FACOLTA' E IL LAVORO			
%	A TRE ANNI DALLA LAUREA:		
	HA UN LAVORO STABILE	UN LAVORO PRECARIO	CERCA LAVORO
GIURISPRUDENZA	46,2	16,2	37,6
MATEMATICA	32,8	52,8	14,3
BIOLOGIA	23,5	26,1	50,3
FARMACIA	66,4	24,1	9,6
MEDICINA	25,8	52,0	22,2
ODONTOIATRIA	81,6	11,5	6,9
INGEGNERIA MECC.	70,7	24,0	5,3
ING. ELETTRONICA	61,4	30,4	8,2
ING. NUCLEARE	49,1	29,3	21,7
SCIENZE AGRARIE	46,2	33,7	20,4
VETERINARIA	63,2	29,6	7,1
ECONOMIA	61,0	21,0	18,0
STATISTICA E DEMOG.	33,3	49,3	17,4
SOCIOLOGIA	53,0	22,0	25,0
LETTERE	28,3	39,8	31,9
PEDAGOGIA	47,1	34,1	19,2
LINGUE	35,9	36,7	27,3
PSICOLOGIA	40,4	42,7	16,9
TOTALE DEI LAUREATI	47,5	29,5	23,0
			FONTE: ISTAT

A | Vero o falso

	V.	F.
1. I giovani vanno all'università per vincere il premio Nobel	❏	❏
2. In una società moderna non è indispensabile il lavoro manuale	❏	❏
3. Un artigiano ha dei tempi di attesa molto lunghi	❏	❏
4. In Italia non c'è disoccupazione	❏	❏
5. Chi fa un lavoro manuale può avere e coltivare anche degli interessi culturali.	❏	❏

B | Scrivere la professione corrispondente agli studi universitari

ARCHITETTURA...

BIOLOGIA ....

ECONOMIA E COMMERCIO............................

FARMACIA ....

GEOLOGIA ....

GIURISPRUDENZA..

INGEGNERIA...

LETTERE ....

MEDICINA E CHIRURGIA ....

C — Scrivere il sinonimo delle seguenti parole

assennato   ....

scadente   ....

vecchio   ....

ammaccato   ....

sereno   ....

ecologico   ....

alienante   ....

D — Spiegare il senso delle seguenti espressioni

sfornare un prodotto ....

problema di fondo ....

la società straripa ....

farsi sospirare ....

campagna di persuasione ....

il lavoro nobilita l'uomo ....

chiudere la bocca ....

il futuro sarà meno buio ....

E — Completare le frasi con le preposizioni convenienti

1. Io faccio considerazioni ..... crisi ..... Università.
2. Laureato ..... medicina, ... ingegneria, ... scienze politiche.
3. Tutti aspirano ..... premio Nobel.

4. I giovani protestano ..... la disoccupazione giovanile.
5. Io ho iscritto mio figlio ..... Università e milioni ..... italiani hanno fatto altrettanto.
6. Nessuno ..... noi.

E | **Discussione**

1. Il brano letto è una critica sulla mancanza di rapporto fra laureati e posti di lavoro: questo fenomeno è presente anche nel Suo paese?
2. Un'indagine recente afferma che nel 1995 sono diminuiti gli iscritti all'università, per la prima volta dal dopoguerra italiano. Quali possono essere i motivi?
3. L'università del Suo paese offre una formazione professionale adeguata?
4. Esiste un rapporto fra università e disoccupazione?
5. La società cambia ed è giusto che certi lavori manuali non siano più coltivati, ma considerati umilianti?
6. La laurea è ancora uno status?
7. Conosce l'ultimo scandalo chiamato "cattedropoli"?
8. Chi di voi frequenta o frequenterà l'Università? Dica qual è la Sua prospettiva culturale e lavorativa.
9. Conosce l'ordinamento scolastico italiano? Ed in particolare quello universitario?
10. Molti corsi hanno introdotto il numero chiuso: è una scelta giusta?

 | **Esercizi scritti**

1. **La cultura è un aspetto importante della nostra vita ma forse non è fondamentale. Lei è d'accordo?**
2. **Descriva quali possono essere i motivi per cui molti stranieri decidono di studiare e rimanere in Italia.**

LA MARCA, GARANZIA DI QUALITÀ

Recentemente si è assistito ad un fenomeno che ha rivoluzionato le abitudini degli italiani quello dell'hard discount.

Questa nuova formula di distribuzione organizzata e importata direttamente dalla Francia e dalla Germania, ha iniziato a diffondersi velocemente sia in città che in provincia.

I supermercati hard discount (letteralmente 'sconto duro') offrono prodotti di largo consumo di marche sconosciute, che vengono venduti a prezzi molto concorrenziali rispetto a quelli dei prodotti cosiddetti di marca.

A prima vista, una spesa all'hard discount costa molto meno - circa il 40% - di quella fatta in un supermercato che commercializza marche note.

Ma, poiché nessuno fa miracoli, anche in questo caso il trucco c'è. Non si tratta in molti casi di vere e proprie truffe: certo è però che nel 90% dei prodotti sconosciuti, la qualità è decisamente inferiore, così come le garanzie igieniche offerte dal produttore.

Provare per credere: dal raffronto quotidiano si rendono evidentissime a tutti le differenze tra prodotto e prodotto.

Solo gli articoli di marca, frutto di ricerche e tecnologie applicate, possono garantire qualità.

La trasparenza, il rigore, l'assoluto rispetto delle regole di preparazione e degli standard igienico-sanitari delle aziende che producono tali articoli rassicurano il consumatore e ne giustificano gli acquisti.

libero adattamento da "Gaia", 27 luglio 1995

 Rispondere alle domande

1. Che cosa ha rivoluzionato di recente l'abitudine degli italiani?
2. Tale fenomeno da dove è stato importato?
3. Che cosa significa il termine 'hard discount'?
4. Fare la spesa in questi supermercati fa risparmiare?
5. Esiste un rapporto fra qualità e prezzo?

 Indicare il significato esatto delle seguenti parole nel contesto del brano

1. marca
    a) valore di una tassa pagata
    b) nome posto dalla fabbrica per
       distinguere i propri prodotti dagli altri

2. trucco 　　　　　　a) inganno a spese altrui
　　　　　　　　　　b) trasformazione estetica dell'aspetto

3. quotidiano 　　　　a) di ogni giorno
　　　　　　　　　　b) giornale che esce ogni giorno

4. frutto 　　　　　　a) prodotto dell'albero
　　　　　　　　　　b) risultato

 Spiegare il senso delle seguenti espressioni

largo consumo..

a prima vista ....

nessuno fa miracoli ....

provare per credere ....

 Cercare nel brano il nome corrispondente ai seguenti verbi

distribuire 　　...

produrre 　　　...

spendere 　　　...

truffare 　　　...

garantire 　　　...

raffrontare 　　...

differenziare 　...

trasparire 　　...

rispettare 　　...

acquistare 　　...

E | Discussione

1. Conosce i supermercati hard discount?
2. Lei ha mai fatto la spesa in questi negozi?
3. Perché in Italia hanno molto successo?
4. Crede che la crisi economica sia un motivo importante?
5. Gli italiani tendono a risparmiare nei loro acquisti, è un atteggiamento presente anche nel Suo paese?
6. La marca di qualità è veramente una garanzia o un motivo per guadagnare di più?
7. Secondo Lei, esiste un rapporto fra qualità e prezzo?
8. Ritiene che i prodotti di largo consumo siano più cari in Italia o all'estero?
9. Spieghi i seguenti termini: risparmio, fare economia, avarizia.
10. Quali sono i prodotti italiani importati dal Suo paese?

_____

_____

_____

_____

 F | Esercizi scritti

1. Racconti quali sono state le Sue spese italiane e se la qualità del prodotto è stata soddisfacente.

I LAUREATI
Regia: Leonardo Pieraccioni.
Con R. Papaleo, G. Tognazzi, M.
G. Cucinotta. Commedia. It. '95.

FACCIAMO PARADISO
Regia: Mario Monicelli. Con
M. Buy, L. Arena, P. Noiret,
Commedia. Produz. It. '95.

UN CINEMA CHE SI RINNOVA

Una delle caratteristiche della produzione degli anni ottanta è stata la apparizione, sul versante ironico, grottesco, o dichiaratamente comico, di alcuni giovani attori-autori, che hanno portato nuovi personaggi e ulteriore carica nella commedia.

C'è il sarcastico e corrosivo Nanni Moretti possiede un fiuto ed un occhio critico che gli permette di raccogliere attorno a sé e incoraggiare nuovi giovani cineasti con una politica di gruppo: raggiunge i suoi migliori successi con la interpretazione di "Il portaborse" e con "Caro diario" (premiato a Cannes nel 1994), dove è riconoscibile una personalità, uno stile, una visione del mondo.

C'era anche (purtroppo va detto c'era) Massimo Troisi, che aveva favorevolmente impressionato con "Ricomincio da tre", ma il film più intenso e poetico è "Il Postino" (1994).

Il toscano Roberto Benigni è un altro autore-attore di successo, scanzonato e a suo modo geniale: "Piccolo diavolo", Jonny Stecchino" e nel 1994 "Il mostro".

Carlo Verdone che dopo "Un sacco bello" e "Bianco rosso e Verdone", dove interpreta più personaggi, arriva a film di più solido impianto, dove una malinconia più scoperta si congiunge alla osservazione attenta, con humour, della propria generazione e all'effetto comico sempre tenuto presente: in "Io e mia sorella" il protagonista per ricostruire la vita della sorella, distrugge il proprio matrimonio; in "Compagni di scuola" rivisita criticamente i suoi ex compagni di studio; in "Perdiamoci di vista" del 1994 fa emergere il problema psicologico di chi è handicappato. Fino all'ultimo divertentissimo "Viaggi di nozze" del 1995.

Da più tempo in carriera è Paolo Villaggio, con il proverbiale Fantozzi. Villaggio e Benigni sono chiamati, in una splendida coppia di stampo clownesco, in "La voce della luna" (1990) di Federico Fellini: è l'ultima idea di Fellini.

Il rinnovamento del cinema italiano è sensibile anche nelle storie drammatiche, dove un ruolo sempre più rimarchevole, in cronache e intrecci di discussione, di denuncia, di amara constatazione del malessere contemporaneo, va svolgendo Gianni Amelio che già distintosi con "Ladro di bambini" si afferma col suo "Lamerica" (1994), ispirato al problema dell'immigrazione. L'America, era, per i nostri emigranti, quella della statua della Libertà, sognata dai paesi poveri; ora sembra essere l'Italia; forse per i 'miraggi' sognati o esportati dalla televisione; o forse anche per i disagi determinati dalle ideologie e dagli ingaggi, dalle promesse non mantenute.

Giuseppe Tornatore e Gabriele Salvatores hanno molto contribuito a confermare il prestigio del film italiano in campo internazionale guadagnando due Oscar: il primo con "Nuovo cinema Paradiso" (1989), il secondo con "Mediterraneo" (1991).

Marco Risi ha dato il via con "Mery per sempre" a un realismo nero che ha trascinato sulla stessa linea, altri giovani registi, come Ricky Tognazzi con "Ultrà", "La scorta" e in ultimo "Il branco": un filone che mostra già i suoi limiti e quindi l'impossibilità di resistere a lungo.

Fra le giovani autrici femminili ricordiamo Francesca Archibugi con "Mignon è partita" e "Il grande cocomero" del 1993 e Simona Izzo, tendente alla commedia, con "Maniaci sentimentali" (1993).

libero adattamento da "Storia del cinema italiano"
di Mario Verdone.

1947. Migliore film straniero "Sciuscià" (Vittorio de Sica)

1949. Migliore film straniero "Ladri di biciclette" (V. de Sica)

1955. Migliore attrice: Anna Magnani ("La rosa tatuata")

1956. Migliore film straniero: "La strada" (Federico Fellini)

1957. Migliore film straniero: "Le notti di Cabiria" (F. Fellini)

1961. Migliore attrice: Sophia Loren ("La ciociara")

1963. Migliore film straniero: "Otto e mezzo" (F. Fellini)

1964. Migliore film straniero: "Ieri, oggi e domani" (V. de Sica)

1970. Migliore film straniero: "Indagine su un cittadino al di sopra di ogni sospetto" (Elio Petri)

1971. Migliore film straniero: "Il giardino dei Finzi Contini" (V. de Sica)

1974. Migliore film straniero: "Amarcord" (F. Fellini)

1988. Migliore regia e film straniero: "L'ultimo imperatore" (Bernardo Bertolucci)

1990. Migliore film straniero: "Nuovo cinema Paradiso" (Giuseppe Tornatore)

1991. Oscar alla carriera: Sophia Loren

1992. Miglior film straniero: "Mediterraneo" (Gabriele Salvatores)

1993. Oscar alla carriera: Federico Fellini

1995. Oscar alla carriera: Michelangelo Antonioni.

A | Rispondere alle domande

1. Chi sono gli autori-attori italiani?
2. Qual è l'ultimo film di Federico Fellini?
3. Oltre al filone comico, il cinema italiano è anche sensibile a storie drammatiche?
4. Quanti Oscar ha ricevuto l'Italia?
5. Quali sono le registe del momento?

B | Cancellare l'aggettivo estraneo per significato:

1. ironico
   comico
   sarcastico
   pungente

2. grottesco
   strano
   bizzarro
   normale

3. comico
   brillante
   commovente
   buffo

4. poetico
   comune
   fantasioso
   lirico

5. scanzonato
   scherzoso
   serio
   giocoso

6. drammatico
   doloroso
   triste
   piacevole

C | Cancellare il nome estraneo per significato:

1. successo
   fortuna
   trionfo
   sconfitta

2. postino
   portalettere
   banchiere
   fattorino

3. ladro
   rapinatore
   bandito
   venditore

4. scorta	5. carriera	6. miraggio
svista	professione	miracolo
accompagnamento	impiego	illusione
guardia	disoccupazione	speranza

 Spiegare il significato delle seguenti parole

cast ....

scena ....

scenografia..........................

sceneggiatura ....

set......................................

comiche ....

lungometraggio ....

sottotitoli..........................

macchina da presa............

doppiaggio ....

inquadratura ....

ciak ....

cortometraggio ....

documentario......................

 Cercare nel brano il nome corrispondente ai seguenti verbi

produrre..............................

apparire..............................

fiutare ....

interpretare..........................

filmare ....

osservare............................

sposare ....

ideare..................................

rinnovare ....

emigrare..............................

1. Quali sono i film italiani che Lei conosce?
2. Molti criticano il cinema perché propone valori falsi. Lei che cosa ne pensa?
3. Il pericolo maggiore dei film è nella diffusione della violenza? Spingono, soprattutto i giovani, a comportamenti violenti?
4. Secondo Lei, è positivo che spesso i film banalizzino la realtà ed i sentimenti?
5. Non crede che i compensi degli attori siano troppo esagerati?
6. Lei va a vedere un film per interesse, divertimento o passatempo?
7. Faccia un elenco dei film che, secondo Lei, meritano una particolare attenzione.
8. E' giusto che il film americano abbia sempre più successo e pubblicità degli altri? Quali possono essere i motivi?
9. Lei preferisce vedere una proiezione al cinema o in casa con una video-cassetta? Pensa che l'effetto sia uguale?
10. Fra la produzione cinematografica e quella teatrale, quale la appassiona di più e perché?

G | Esercizi scritti |

1. Assista ad una proiezione cinematografica o ad una produzione teatrale ed esprima il Suo giudizio.

Curarsi, truccarsi, lavarsi, divertirsi, vestirsi

SNELLA

TESTATO DA

VERDE DI RABBIA

LA LINGUA DELLA PUBBLICITÀ

I messaggi pubblicitari di ogni tipo (sui giornali, alla radio, alla televisione, sui manifesti murali...) hanno uno scopo preciso: quello di far comprare certi prodotti o di far compiere una certa azione. Per raggiungere questo scopo, però, si cerca soprattutto di suggestionare il pubblico, non di informarlo scrupolosamente.

Il messaggio pubblicitario, insomma, anche quando sembra contenere un'informazione esatta e dettagliata sulla qualità del prodotto, si serve in realtà di altri accorgimenti per ottenere l'effetto desiderato.

Nella pubblicità si sfruttano molto le immagini: di solito si accosta l'oggetto da vendere ad una immagine attraente, si creano combinazioni sorprendenti ed altri giochi ad effetto. Ma anche la lingua viene utilizzata per ricavare tutti gli effetti possibili. Le "furberie" dei compilatori di messaggi pubblicitari scritti sono tante.

libero adattamento da "La lingua e il nostro mondo"
di Francesco Sabatini.

INGANNATE IL TEMPO.

Intanto, Nonna Amelia sta preparando con calma la pasta.

Riempite gli spazi col puntino con un pastello giallo e apparirà un'immagine tutta da assaporare.

NONNA AMELIA

La bontà vuole il suo tempo.

INGANNATE IL TEMPO.

Intanto, Nonna Amelia sta preparando con calma la pasta.

The grid contains numbered cells: 1, 2, 3, 4, 5, 6, 7, 8, 9, 10, 11, 12, 13, 14, 15, 16, 17, 18, 19, 20, 21, 22.

ORIZZONTALI:
1. Gli Stati Uniti - 4. Consente la cattura del pesce - 7. La tira Nonna Amelia - 10. Articolo per cuoco - 11. Primo piatto stratificato - 13. Possono avere un ripieno di carne o di magro - 16. Gola senza fine - 17. Torsolo di pera - 18. Una parte di carne - 21. Unto, condito - 22. Il verso del pulcino.

VERTICALI:
1. Un piatto leggero - 2. Bacino carbonifero tedesco - 3. La più gustosa fra le operazioni del cuoco - 5. Una sostanza dolcissima ed energetica - 6. Orata Lessa - 8. La si imbandisce per mangiare - 9. La qualità di chi è destro nel muoversi - 12. Non lo si dice davanti a un buon piatto - 14. Prende chi non è abbastanza calmo - 15. Bisogna farne uno quando si corre troppo - 19. Un'importante differenza fra pollo e coniglio - 20. La farina più fina.

La Fattoria Scaldasole, la realizzazione di un sogno.

La Fattoria Scaldasole è nata da una scelta di vita per stare vicino alla natura e agli animali. Per questo abbiamo coltivato la nostra terra senza uso di prodotti chimici e promuoviamo l'Agricoltura Biologica.

L'Agricoltura Biologica come scelta di vita.

Marco Roveda, fondatore della Fattoria Scaldasole.
L'Agricoltura Biologica non è solo una tecnica di coltivazione che rispetta l'uomo, l'ambiente e gli animali. È un sistema di vita che contribuisce allo sviluppo di una nuova civiltà.

No ai pesticidi e ai concimi chimici.

L'Agricoltura Biologica è un metodo di coltivazione che esclude pesticidi e concimi chimici, prevede solo concimazioni naturali, rotazioni delle colture con periodiche semine di leguminose ed impiego di insetti predatori.

Che cosa vuol dire prodotto "biologico".

Un prodotto si può definire "biologico" se proviene da coltivazioni che utilizzano il Metodo Biologico di Agricoltura.

Perchè il nostro yogurt è così buono, genuino e naturale.

Buono, denso e cremoso, di una consistenza fresca e vellutata, così è il vero yogurt.

Una dolcezza sana, leggera e non zuccherosa.

Per fare bene, lo yogurt non deve per forza avere un sapore aspro. E la dolcezza naturale del nostro yogurt ci consente di non aggiungere zucchero nei magri alla frutta.

I fermenti lattici e il giusto grado di acidità.

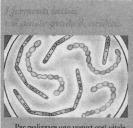

Per realizzare uno yogurt così vitale, buono, denso, cremoso e non acido, abbiamo selezionato specialissimi ceppi di fermenti lattici.

Teddi. L'unico yogurt biologico per bambini.

Solo latte biologico, solo frutta biologica, solo zucchero biologico per la cosa più cara che hai, il tuo bambino.

Per diffondere una coscienza ecologica.

Tutti dovrebbero contribuire per un mondo migliore. Per questo abbiamo scelto di promuovere l'Agricoltura Biologica per poter diffondere una coscienza ecologica.

Tiramisuppergiù.

*I*l segreto per non sbagliare i tuoi dolci sta proprio nei savoiardi.

E chi è cresciuto con i **Savoiardi Vicenzi** lo sa. Così come sa che i **Vicenzovo** sono

speciali in qualsiasi ricetta o anche da soli come biscotti buoni e genuini.

Tiramisù.
Con i savoiardi Vicenzi.

PINELLA GÖTSCHE LOWE

Savoiardi Vicenzi:
al momento del dolce
nessuno è mai rimasto
con l'amaro in bocca.

PASTICCERIA MATILDE VICENZI
VICENZI

L'influenza si perde in un bicchiere d'acqua.

TRIAMINICFLU effervescente è un rimedio studiato per combattere rapidamente tutti i sintomi dell'influenza: febbre, dolori, ipersecrezione nasale e congestione delle mucose.
L'attività sinergica di TRIAMINICFLU effervescente è resa possibile dai suoi tre principi attivi (paracetamolo, feniramina, fenilefrina) che intervengono contro i sintomi con un'azione antifebbrile, antistaminica e decongestionante.
TRIAMINICFLU effervescente agisce in pochi minuti senza provocare di norma disturbi gastrici.
TRIAMINICFLU effervescente e l'influenza... si perde in un bicchiere d'acqua.

Triaminic*flu*
10 compresse effervescenti

Triaminic®*flu*   Combatte i sintomi dell'influenza.

È un prodotto SANDOZ

La riunione fa la forza.

Dai più forza all'Ail, organizza una riunione STANHOME.

Organizza una riunione Stanhome: contribuirai a sostenere l'Associazione Italiana contro le Leucemie. L'iniziativa *Stanhome e A.I.L. uniti per la vita* prevede infatti che, al raggiungimento degli obiettivi di vendita dei prodotti **Aquilaun**, Sani-Soft, HDL Granbucato, Pulitore Spray Vetri, **Sgrassatore**, nel periodo Settembre/Dicembre '95, venga devoluto all'A.I.L. un contributo di 200 milioni di lire. Contatta la tua Incaricata: trasforma un atto d'acquisto in un gesto d'amore.

Stanhome e A.I.L. uniti per la vita.

Photo: Fluon   Art: Moschino

Ringraziamo Fiore Crespi impegnata da 10 anni contro l' AIDS.

" Il numero delle persone
infettate da HIV aumenta nel
mondo ogni giorno.
Usare il preservativo significa
non infettarsi. Il pericolo
dell' AIDS é
d' ignorare che esista. "

J.C. CHERMANN
Direttore delle Ricerche
Istituto Nazionale Francese
della Sanità e della Ricerca Medica.
Unità di Ricerca sul Retrovirus
e Malattie Associate

MOSCHINO

Oliviero Toscani

Oliviero Toscani

A Spiegare il senso delle seguenti espressioni

tiramisù............ ....

tiramisuppergiù..

ingannare il tempo ....

perdersi in un bicchiere d'acqua ....

la riunione fa la forza ....

ingannare il tempo ....

B Scrivere il sinonimo o il contrario delle seguenti parole

calmo   ....

fine   ....

condito   ....

nuovo   ....

fresco   ....

vero   ....

amaro   ....

C Cancellare la parola estranea per significato

1. leggero
   tenue
   pesante
   delicato

2. dolce
   delizioso
   zuccherato
   aspro

3. gustoso
   saporoso
   gradevole
   disgustoso

4. diluito	5. aspro	6. genuino
compatto	acerbo	naturale
denso	agro	alterato
consistente	mielato	puro

D | **Spiegare il senso delle seguenti espressioni**

pubblicità ....

spot ....

slogan ....

vendita promozionale...

réclame ....

propaganda ....

E | **Discussione**

1. Lei ha avuto l'occasione di vedere una pubblicità italiana? Che cosa ne pensa?
2. Quale preferisce tra quelle presentate nel libro?
3. Conosce le immagini pubblicitarie di Oliviero Toscani per la Benetton che hanno scandalizzato tutto il mondo?
4. Secondo Lei, ha più effetto uno spot televisivo o uno slogan stampato?
5. Le interruzioni pubblicitarie, durante la proiezione di un film, sono di maggiore effetto oppure disturbano lo spettatore?
6. La pubblicità italiana ha sempre un linguaggio comprensibile?
7. Descriva una immagine pubblicitaria che La ha incuriosita in maniera particolare.
8. E' importante creare degli spot o slogan anche per dei fini umanitari?
9. Immagini di avere un'agenzia di viaggi: crei uno slogan pubblicitario per una vacanza di sogno.

NUOVI PARCHI

Sono state da poco inaugurate quattro grandi aree verdi pro-
tette: si tratta dei parchi nazionali Gran Sasso-Monti della
Laga, della Maiella, Vesuvio, Cilento-Vallo di Diana, che si aggiun-
gono ai sette già esistenti (Valgrande, Dolomiti bellunesi, Foreste
Cesentinesi, Monti Sibillini, Pollino, Aspromonte, Gargano).
Ecco dove sono collocati.

Il Gran Sasso-Monti della Laga si trova a cavallo di tre regioni,
Abruzzo, Lazio, Marche: comprende l'unico ghiacciaio appenninico
e ospita l'orso, il camoscio d'Abruzzo, il lupo appenninico, il caprio-
lo. Il parco della Maiella si estende fra le provincie di Chieti e Pesca-
ra e tra i suoi abitanti si trovano cervi, caprioli, camosci, lupi, l'a-
quila reale; la montagna della Maiella è il secondo massiccio dell'-
Appennino ed ha una flora ricca di pini e di faggi secolari.

Quello del Cilento è in provincia di Salerno, ed è caratterizzato
da una flora ricca e varia, dai faggeti ai castagneti, dai sughereti alla
macchia mediterranea. E' l'habitat della lontra che sta rischiando
l'estinzione in Italia, e non mancano pure il lupo, il tasso, il falco, l'-
istrice.
Il parco del Vesuvio è vicino a Napoli ed è popolato da una nu-
trita colonia di uccelli che comprende, tra l'altro, il corvo imperiale,
il picchio rosso e il cardellino.

tratto da "Mondo ERRE", 1 novembre 1995.

LE ORGANIZZAZIONI

WWF - World Wildlife Fund. Fondata nel 1961, conta più di 4 milioni di soci e, dalla sua nascita ad oggi, ha portato avanti più di 5000 progetti in 130 paesi. Il WWF in Italia è nato nel 1966 e ha più di 200.000 soci. Raccoglie fondi per la difesa dell'ambiente e gestisce oasi e aree protette in tutta Italia.
WWF Italia, via Salaria 221, 00199 Roma, tel. 06/8411819.

LIPU - Lega Italiana per la Protezione degli Uccelli.
Nata nel 1975 si batte per la protezione dell'avifauna. Gestisce diverse aree protette e numerosi centri per la cura e la rieducazione degli uccelli feriti.
LIPU, vicolo San Tiburzio 5, 43100 Parma, tel. 052/233414

GREENPACE. Conta più di un milione e mezzo di sostenitori in tutto il mondo. Documenta e informa di quanto accade ai danni della natura. Greenpace Italia, viale Manlio Gelsomini 28, 00153 Roma, tel. 06/5782484

ANYMAL AMNESTY. Legata al mondo degli animalisti europei e americani si batte per un diverso rapporto con gli animali. No quindi alle pellicce ed allo sfruttamento degli animali. Anymal amnesty, Galleria Passarella 1, 20122 Milano, tel. 02/58104509

EUROPE CONSERVATION. Nata nel 1989 sul modello di associazioni simili inglesi si prefigge lo scopo di raccogliere fondi per finanziare ricerche e progetti di conservazione in Europa e nel Terzo Mondo. Dal 1991 porta avanti tre campagne in favore dell'adozione dei lupi, delfini e balene. Europe Conservation Italia, via Giusti 5, 20154 Milano, tel. 02/33103344

A   Rispondere alle domande

1. Come si chiamano le aree verdi protette inaugurate da poco in Italia?
2. E le altre sette già esistenti?
3. Quali sono gli animali protetti in queste aree?
4. Dove si trova il parco popolato da una grande colonia di uccelli?
5. In Italia esistono delle organizzazioni ambientalistiche, qual è il loro nome?

B   Conoscere gli animali ed il loro habitat

Orso, aquila reale, camoscio, lontra, picchio rosso, lupo, tasso, cardellino, delfino, falco, capriolo, balena, cervo, istrice.

animali terrestri	uccelli	animali acquatici
....	....	....
....	....	....
....	....	....
....	....	
....		
....		
....		

C Scrivere il sinonimo o il contrario delle seguenti parole

protetto...................................difesa...............................
esistente..................................diverso..............................
ricco.......................................numeroso...........................
vario..simile...............................
nutrito....................................secolare...........................

 D Completare le frasi con le preposizioni convenienti

1. Sono state ... poco inaugurate quattro grandi aree protette.
2. Il camoscio ... Abruzzo.
3. Il parco ... Maiella si estende ... le provincie di Chieti e Pescara.
4. Il secondo massiccio ... Appennino.
5. Il parco ... Cilento è ... provincia ... Salerno.
6. Il parco ... Vesuvio è popolato ... una nutrita colonia ... uccelli.

 E Discussione

1. Conosce i parchi nazionali italiani?
2. Lei, ha mai visitato un'area verde protetta?
3. Cosa pensa dell'ecologia e dell'ambiente? E' un problema di grande attualità anche nel Suo paese?
4. Lei crede che l'uomo sia la causa principale del degrado ambientale?
5. Le sopra citate organizzazioni ambientali, sono state efficienti nella loro lotta?
6. Si parla tanto del disastro ambientale provocato dagli esperimenti nucleari, qual è la Sua opinione in proposito? Ha seguito le inutili battaglie di Greenpeace?

7. Molti personaggi dello spettacolo come B. Bardot in Francia e L. Massari in Italia si interessano attivamente alla causa animalista ed in particolare allo sfruttamento degli animali ed al loro utilizzo per farne delle pellicce: Lei è d'accordo a voler porre fine a queste uccisioni di massa per creare capi di abbigliamento?
8. Quali sono gli animali esistenti nel Suo paese che rischiano la estinzione?
9. Esiste nel Suo paese un interesse vivo per questi problemi?

| **F** | Esercizi scritti |

1. E' importante educare i giovani e soprattutto sensibilizzarli in tal senso affinché il mondo possa essere più pulito?
2. Spieghi il significato delle seguenti parole: inquinamento, ecologia, degrado ambientale.

Caccia si

- *è l'attività più antica legata alla sopravvivenza dell'uomo primitivo;*
- *è un'attività legata all'istinto;*
- *si va a caccia per stare all'aperto, per stare a contatto con la natura;*
- *la fauna non si estingue per le poche prede dei cacciatori;*
- *per la sopravvivenza della fauna sono più dannosi inquinamento e disboscamento;*
- *in alcune zone c'è sovraffollamento di animali, la caccia ben gestita serve da regolatore ecologico;*
- *il più delle volte si caccia in aree apposite, dove gli animali sono introdotti per essere cacciati;*
- *ci sono molte attività economiche legate alla caccia: fabbriche e punti di vendita di armi, munizioni, attrezzature;*
- *i cacciatori sono esperti conoscitori ed osservatori degli animali.*

Caccia no

- oggi la caccia è solo divertimento, sport;
- oggi è uno sport sanguinario;
- per stare a contatto con la natura non è indispensabile uccidere;
- molte specie sono in pericolo, vanno difese, non sterminate;
- gli animali sono già soggetti a inquinamento e disboscamento del loro habitat;
- la caccia in riserva è un tiro al bersaglio su animali spaesati che non hanno tane o rifugi;
- sono gli interessi economici di alcune categorie che spingono al mantenimento della caccia;
- si possono conoscere e osservare gli animali senza ucciderli, magari fotografandoli.

A	Vero o falso

	V.	F.
1. La caccia è una attività moderna	❏	❏
2. Esistono aree apposite o riserve per cacciare	❏	❏
3. Ci sono attività economiche che ne traggono profitti.	❏	❏
4. La caccia non è uno sport sanguinario.	❏	❏
5. Per stare a contatto con la natura bisogna uccidere gli animali.	❏	❏

B	Spiegare il senso delle seguenti espressioni

stare all'aperto..

tiro al bersaglio...

sport sanguinario...

punto di vendita ....

area apposita o riserva..

C	Cercare nel brano il nome corrispondente ai seguenti verbi

cacciare ....sovraffollare...

sopravvivere...............................divertire...

inquinare....................................mantenere ....

disboscare ....tirare ....

D | Discussione |

1. Caccia si o no?

Sostenga la sua opinione utilizzando i dati del testo.
Io credo ....
Io penso...
Io sono convinto che ....
Io sostengo che...

2. Presenti la sua tesi come una conseguenza necessaria di ciò che ha detto.

Quindi ....
Pertanto..
Per tutto ciò che è stato detto...
Allora...

3. Presenti, adesso, la tesi contraria.

Secondo alcuni ....
Alcuni sostengono che..

E | Esercizi scritti |

1. Parli del Suo impegno nei confronti dell'ambiente e degli animali nella vita di tutti i giorni.

2. Faccia una descrizione del Suo amico animale, di quanto sia importante il suo affetto per Lei e viceversa.

ARGIANO

Non a caso l'intervista a Franco Biondi Santi è in apertura al nostro servizio sulle più significative realtà produttive dell'area di Montalcino. Taluni operatori del mercato, o certa stampa mettono in discussione oggi, il suo modo di interpretare il vino. Credo che sia l'occasione per esprimere alcuni pensieri partendo dal convincimento che il Brunello di Montalcino Biondi Santi è un grande vino. Il grande vino è il frutto della dedizione di più generazioni e non del lavoro improvvisato di chi compera l'aziendina e assume il migliore enologo del momento. Esso deve sapere interpretare i valori di una intera famiglia che per esso vive e vegeta.

Fuori dalla mia finestra del palazzo di Argiano scorgo in lontananza la secolare quercia di Poggio al Vento. (che oggi fa ombra al superlativo vigneto del cru [1] di Col d'Orcia).

Mi domando se essa potesse raccontare la storia degli uomini che hanno vissuto e che hanno trasformato in un giardino di vigne e ulivi e cipressi quelle terre di boschi e di foreste.

---

[1] CRU - Vino prodotto da un unico vigneto di un'area determinata a produzione limitata.

Quello che mi affascina delle aziende vinicole, delle cantine, è la loro storia. Cerco nei vini il volto di persone, il ricordo di parole dette o non dette per incapacità di comunicare.

E' come se quel liquido rosso nel bicchiere sia il sangue che scorre nelle vene degli uomini e che si trasferisce nelle vene da padre in figlio e la vita continua.

Ogni vendemmia ... un passaggio generazionale, radici sempre più solide, liquido sempre più buono.

Per questo mi annoiano i giornalisti di oggi, i loro giudizi tecnici, le loro assertazioni, le loro guide turistiche e commerciali.

Mi annoiano i vini fatti "in cantina". Ho scelto di descrivere alcune aziende che meglio di altre esprimono storie di uomini che fanno parte del mio vissuto, che certo un po' hanno contribuito a farmi diventare quello che sono.

Un ubriacone convinto che non c'è al mondo niente di meglio che fare un grande vino.

Potrei descrivervi i vini di Argiano o dissertare sulle strategie commerciali ma lasciamolo fare agli addetti ai lavori. Piuttosto vado con la memoria a scandagliare fra i volti degli uomini che hanno contribuito alla creazione dei suoi vini:

il guardiacaccia Mimmo, che aveva selezionato le piante madri da cui ricavare il primo vigneto di Brunello di Argiano, quello della Fornace. Il vecchio Mimmo è morto a novanta anni nell'agosto del 93. Giovanni Sodi ora pensionato, maestro nell'arte dell'innesto. A lui dobbiamo il lavoro che oggi chiamano "selezione clonale".

E poi Severino Giannetti e poi i gemelli del podere di Tavernelle, e Peppino il sordo e Quirino Finucci che curava il vigneto di Pascena e poi il vecchio Guido che sembrava uscito da un film in bianco e nero di John Ford.

Magro, scavato, vestito come un cowboy con mani e avambracci che parevano i rami della vecchia quercia di Poggio al Vento. E' lui che ci faceva bere il succo d'uva prima che iniziasse la fermentazione.

Ricordo mio padre che apprezzava solo il vino dei suoi mezzadri anche se le acidità erano talvolta ai limiti della sopportazione, o il 1968 che io quindicenne trovavo fantastico. Ricordo le vendemmie con Cristoforo, Roffredo, Luca ricordo gli incontri fra le vigne durante le pause di vendemmia. Ad Argiano il fantasma di Witoldo Lovatelli che circola nei grandi saloni. Di lui lo scrittore francese Roger Peyrefitte ha parlato nel libro "L'esule di Capri".

A Capri infatti Witoldo era ospite nella splendida villa del marchese Patrizi i cui vigneti sulle rocce di Anacapri erano famosi già all'inizio del secolo. Witoldo scambiava i fiaschi di Argiano con i vini di Patrizi che ancora oggi giacciono nelle nostre vecchie dispense.

L'intervista a Biondi Santi esprime tutto questo. Il suo vino è la storia della sua vita. Il vino buono oggi lo sanno fare tutti.

Se la memoria dei miei figli sarà ricca di tutto questo i vini di Argiano saranno sempre tra i migliori.

Non ho bisogno di dire di più di Argiano ma amo parlare delle più belle aziende di Montalcino.

tratto da "L'etichetta" rivista enologica

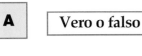

A | **Vero o falso**

	V.	F.

1. Il Brunello di Montalcino Biondi Santi è un buon liquore ☐ ☐

2. Produrre un gran vino è molto semplice: si acquista un'azienda e si assume il migliore enologo del mondo. ☐ ☐

3. Gelasio Gaetani è affascinato dalla storia delle aziende vinicole. ☐ ☐

4. G. Gaetani sostiene che ogni vendemmia, ogni passaggio generazionale permettono un vino sempre più buono. ☐ ☐

5. Il fantasma di Witoldo Lovatelli circola nei vigneti di Argiano. ☐ ☐

B | **Rispondere alle domande**

1. Che cosa cerca nei vini G. Gaetani?

2. Chi è Giovanni Sodi?

3. Come era vestito il vecchio Guido?

4. Che cosa apprezzava il padre di G. Gaetani?

5. Chi è il fantasma che circola nel castello di Argiano?

SUA MAESTÀ IL BRUNELLO

BRUNELLO
DI MONTALCINO

DENOMINAZIONE DI ORIGINE CONTROLLATA E GARANTITA

1990

COL D'ORCIA

IMBOTTIGLIATO ALL'ORIGINE DA TENUTA COL D'ORCIA S.P.A.
MONTALCINO - ITALIA

ITALIA
750 ml ℮   13.5% vol

l Brunello di Montalcino, gloria dell'enologia toscana, è uno dei vini italiani dotati di maggior protagonismo, anche se la sua produzione è limitata e destinata in gran parte al mercato estero. Addirittura negli anni Settanta, si è corso il rischio di "perderlo" per colpa dell'abbandono delle campagne, della staticità dei produttori, delle non favorevoli legislazioni e della comunicazione sbrigativa, orientata al potenziamento dei vini giovani. Fortunatamente in quegli stessi anni, attratti forse più dalla bellezza del paesaggio che da motivazioni produttive, nuovi personaggi sono arrivati a Montalcino; hanno preso confidenza con il territorio, lo hanno capito, studiato, e hanno contribuito al rilancio di questo vino doc sul mercato interno e al suo consolidamento all'estero. Esemplare è l'evoluzione della Tenuta Col d'Orcia, acquistata nel '73 da Alberto Marone Cinzano; dalle mille bottiglie dell'anno dopo, la produzione è arrivata alle attuali 800.000 (con nove tipologie di vino)! La punta di diamante di questa azienda tosco-piemontese è il Brunello Riserva Poggio al Vento, la cui annata '88 è una delle migliori espressioni qualitative: in commercio sei anni dopo la vendemmia, ha una sicura longevità fino a trent'anni; color rubino con riflesso granato; profumi ampi e intensi con note di frutti di bosco ed elegante sentore di vaniglia; gusto secco, caldo e pieno, senza cedimenti. Obbligatorio il rispetto degli abbinamenti con la selvaggina, i grandi arrosti e tutte le carni rosse in genere. Nelle enoteche viene proposto a un costo di circa 50.000 lire. Altrettanto valido, ma meno impegnativo, è il Rosso di Montalcino doc, annata 1992, che costituisce un ottimo accompagnamento a formaggi di media stagionatura e a grigliate di carni miste per la sua più contenuta corposità. Nelle enoteche costa 9.500 lire.

tratto da "Amica", 18 marzo 1995

A Vero o falso

V. F.

1. La produzione del Brunello di Montalcino è destinata
   in gran parte al mercato estero ❑ ❑
2. Intorno agli anni settanta alcuni personaggi hanno
   contribuito al rilancio di questo vino sul mercato. ❑ ❑
3. Alberto Marone Cinzano ha acquistato, nel 1973,
   la tenuta Col d'Orcia. ❑ ❑
4. Attualmente la produzione di questo vino è diminuita. ❑ ❑
5. Il Brunello Riserva Poggio al Vento è il vino meno
   pregiato. ❑ ❑
6. Il Brunello Riserva Poggio al Vento ha una sicura
   longevità fino a trent'anni. ❑ ❑

 B Rispondere alle domande

1. Come è considerato il Brunello di Montalcino?

2. Quale rischio si è corso negli anni settanta?

3. Come si chiama la tenuta acquistata nel '73 da A. Marone Cinzano?

4. Qual è il vino più pregiato dell'azienda tosco-piemontese?

5. Qual è il costo di questo vino?

Trasformare le seguenti frasi secondo il modello

Es.: Il Brunello *viene considerato* uno dei vini italiani più pregiati
Il Brunello *si considera* uno dei vini italiani più pregiati.

1. Il Brunello di Montalcino *viene considerato* uno dei vini di maggior pregio.

2. Attualmente *vengono prodotte* 800.000 bottiglie di questo vino.

3. Il Brunello Riserva Poggio al Vento *viene abbinato* alla selvaggina.

4. Nelle enoteche questo vino *viene proposto* a un costo di circa 50.000 lire.

5. Il Rosso di Montalcino *viene venduto* a 9.500 lire.

Completare il testo con le parole mancanti

1. Il Brunello di Montalcino è uno dei .... italiani più pregiati.

2. La sua .... è limitata e destinata in gran parte al .... estero.

3. Negli anni Settanta, per colpa dell'....... delle campagne, della .... dei produttori, delle non favorevoli .... e della .... sbrigativa si è corso il rischio di perdere tale vino.

4. Fortunatamente però nuovi .... sono arrivati a Montalcino ed hanno contribuito al .... di questo vino sul mercato .... e al suo .... all'estero.

5. Attualmente la .... è arrivata alle 800.000 ....

bottiglie - vini - produzione - abbandono - legislazioni - mercato - produzione - consolidamento - staticità - interno - personaggi - rilancio - comunicazione

E **Discussione**

1. Tra i vini italiani più prestigiosi, quale ricorda?

2. Qual è il Suo vino preferito?

3. Conosce il Brunello di Montalcino?

4. Quali altri vini italiani conosce?

5. Che cosa sono le enoteche?

6. Ha degustato alcuni vini stranieri? Quali preferisce?

7. Lei sa come abbinare il vino con il cibo?

8. Esiste una cultura del vino nel Suo paese?

9. Provi a spiegare il significato del proverbio "vino fa buon sangue".

10. Come si chiamano i vini del Suo paese?

_____

_____

_____

_____

_____

_____

_____

_____

RACCONTI MODERNI

LA NARRATIVA CONTEMPORANEA

"Uno scrittore se non si è visto in TV, non esiste.
Si cura l'immagine, nessuno si dà pensiero di ciò
che sta sotto...
Troppa narrativa senza un'idea forte ...
Ne racconterà di belle il nuovo millennio.
In cinque anni ne nasceranno di narratori mai vi-
sti prima.
Come prima, resusciteranno molti classici e ci
sarà molto di bello da leggere.
Come sempre sarà difficile che un narratore scri-
va qualcosa di veramente nuovo".

libero adattamento da "La narrativa contemporanea"
di Walter Pedulla.

LEONARDO SCIASCIA, nato nel 1921 in provincia di Agrigento, si distingue nel panorama della narrativa moderna e contemporanea per la fedeltà, nella tematica delle sue opere, alla sua terra: la Sicilia, con la sua storia e con i suoi problemi.
Tra i suoi romanzi ricordiamo:

"Le parrocchie di Regalpetra" 1956
"Il giorno della civetta" 1961
"A ciascuno il suo" 1966
"Il cavaliere e la morte" 1988

Sciascia ha cominciato a scrivere quando la fase del neorealismo era già in declino, ma proprio dalle istanze neorealistiche bisogna partire per comprenderlo: la lezione del neorealismo si è tradotta nella costante attenzione ad una realtà storica e soprattutto umana, nella volontà di comprenderla e di farla comprendere.

Nel suo romanzo c'è una continua tensione, un'amara speranza, una testimonianza di una conflittuale coesistenza di delusioni e di impegno.

"Il cavaliere e la morte", è un romanzo in cui Sciascia analizza e denuncia con spietata precisione gli ambienti e le situazioni in cui certi delitti si collocano e sono resi possibili. E' la descrizione di una realtà politica e sociale che Sciascia vive ogni giorno, attraverso la figura del protagonista.

IL CAVALIERE E LA MORTE

Un cane, un lupo dall'aspetto bonario e stanco, si era avvicinato alla carrozzina in cui un bambino biondo placidamente dormiva.

La ragazza che doveva custodire il bambino si era distratta a parlare con un soldato. D'impulso andò a mettersi tra la carrozzina ed il cane. La ragazza lasciò di parlare col soldato, gli sorrise rassicurante e guardando teneramente il cane disse che era buono, vecchio e affezionato.

Si allontanò facendo ora attenzione ai tanti cani che andavano per il parco, gli venne da contarli.

Tanti cani, forse più dei tanti bambini.

E se gli schiavi si contassero? Si era domandato Seneca.

E se si contassero i cani? Tra le sue carte era un giorno affiorato l'orrore di un bambino dilaniato da un alano. Il cane di casa: forse buono, vecchio e affezionato come il lupo della ragazza.

Dei tanti bambini che correvano per il parco, dei tanti cani che parevano accompagnarsi ai loro giochi o vigilarli, ricordando quel fatto ebbe una visione di apocalisse.

Se la sentì sulla faccia come una vischiosa, immonda ragnatela di immagini: e mosse la mano a cancellarla, ammonendosi a morir meglio. Ma i cani stavano lì, troppi: e non erano di quelli che, suo padre dilettandosi di caccia, si era trovati intorno nell'infanzia. Piccoli cani, quelli..., sempre festosi, scodinzolanti, con la gioia della campagna più che della caccia. Questi, invece, alti, gravi, quasi sognassero boschi irti ed oscuri pietraie impervie ...

Da un pensiero all'altro, nell'attenuarsi di questa ossessione, passò a ricordare i cani della sua infanzia, i loro nomi, la valentia di alcuni, la pigrizia di altri: così come ne discorreva, con altri cacciatori, suo padre.

di Leonardo Sciascia, Adelphi edizioni, 1988

ALBERTO BEVILACQUA, nato a Parma nel 1934, vive a Roma. Oltre ad una attività romanzesca si è interessato anche alla poesia ed alla direzione di alcuni film, quali: "La califfa" 1970, "Questa specie di amore" 1971, "Le rose di Danzica" 1979, "Bosco in amore" nel "Decamerone" 1981.

Bevilacqua è uno dei nostri scrittori contemporanei più amati, il suo romanzo parte dalla convinzione che il mistero non nasce soltanto da elementi esterni al mondo umano, ma è insito alla stessa vita, ed è alla radice di ogni cosa.

In "la donna delle meraviglie", il protagonista si trova coinvolto in un'avventura: nella sua esistenza si insinua una sconosciuta, una intrusa, la donna delle meraviglie.

Lei entra in simbiosi con lui e, mantenendosi sfuggente ed inafferrabile, lo avvolge in una tela di ragno inducendolo a un profondo esame di se stesso.

Storia di un enigma e, insieme, di un'insolita seduzione femminile.

A volte il detective è lei, l'intrusa.

Ho lasciato che mi pedinasse.

Stavo attraversando Piazza San Bernardo e riflettevo sul Mosè al centro della fontana, che è certamente opera di Leonardo Sormani, ma che la tradizione attribuisce all'incauto Prospero da Brescia. Si racconta infatti che Prospero volesse emulare il Mosè di Michelangelo, senonché scolpì la statua distesa a terra e quando, compiuta, la alzò, scoprì con terrore di aver sbagliato tutte le proporzioni.

Anch'io sto rimettendo in piedi il Mosè che mi abita ed è rimasto coricato troppo a lungo. Insomma, staremo a vedere.

La piazza, a quell'ora, era deserta.

Io camminavo e le mie scarpe non mandavano rumore. Alle mie spalle, invece, i suoi passi risuonavano. Quando mi fermavo, si fermavano. Tuttavia, mi arrestavo o proseguivo con naturalezza, come se lei non ci fosse. Non mi voltavo, né meditavo di voltarmi.

Lo stesso è accaduto ieri, in Via di Santa Baldina dove, secondo il Mirabilia Urbis, stava acceso il Fuoco della Speranza, e i disgraziati lo fissavano cessando di soffrire. Roma è cristiana soprattutto in questo, nel dispensare parabole affinché i piccoli misteri degli uomini non si ritrovino soli nell'universo dell'assurdo.

E riecco i suoi passi.

Allora, un'idea mi ha illuminato. Me la sono portata verso casa.

Era la prima passeggiata per Roma che facevamo piacevolmente insieme. Avendo capito che non avrei cercato in alcun modo di identificarla - tanto era inutile, sarebbe stata di nuovo più abile di me - anche lei, lo sentivo, assaporava il piacere un po' svagato di venirmi dietro.

Mi dava emozione condurla per le strade che aveva percorso tante volte prima di introdursi nel mio blocco. Tendevo l'orecchio, temendo che da un momento all'altro i suoi passi svanissero. Invece si mantenevano docili, rispettando la stessa distanza. Sono entrato nel giardino, ed erano là, che scricchiolavano sulla ghiaia. Mi sono augurato che il merlo cantasse.

Il merlo cantava.

Mi sono fermato ad ascoltarlo. Anche lei.

Persi nel medesimo ascolto e nel guardare la luna che s'affacciava dal piopparello, si è creato tra noi un silenzioso dialogo su certi significati della nostra vicenda.

Le finestre di Luisa erano illuminate e si stava dando una festa. Ho ascoltato i passi che si allontanavano e il giardino mi ha riaffondato subito tra i due blocchi che sono mondi opposti, dove non so più come travestire la mia anima.

di Alberto Bevilacqua, Mondadori Editore, 1994

MARCELLO D'ORTA, maestro elementare di un piccolo paese vicino Napoli, raccoglie circa sessanta temi dei suoi alunni.

Ricchi, colorati, vitali, spesso sgrammaticate, piene di umorismo, un po' ingenuo ed un po' consapevole per chi riesce a guardare sotto, dove c'è qualcosa di diverso e in più.

Una saggezza ed una rassegnazione antica, un'allegria scanzonata e struggente, una cronaca quotidiana che ci mostra uno spaccato inquietante delle condizioni del Sud.

IO SPERIAMO CHE ME LA CAVO

Se tu avessi la possibilità di viaggiare, dove vorresti andare? In America, dove stà Rambo. In America ci sono un sacco di soldi, in America ci è ricchissimi, le strade autostradali, i ponti, le macchine grande, la polizia grande. Non manca mai l'acqua, le case grattacieli, i soldi.

Rambo li uccide tutti.

Rambo è fortissimo, li uccide ai nemici.

In America ci stà mio zio, ma lui no li picchia ai negri.

Zio quando partette era un poveromo, dall'America quando torna torna con la cadillacca bianca, e non centra nel vico.

Fa i palazzi a America, li fa.

Io c'andrò purio da lui, a fare i soldi, i dollari.

di Marcello D'Orta, Arnoldo Mondadori, 1990

LUCA GOLDONI, giornalista ed inviato speciale ha girato il mondo, andando di persona a vedere, verificare, a raccontare i più grossi avvenimenti di questi ultimi decenni.

L'evoluzione da giornalista a scrittore comincia proprio quando l'inviato che racconta storie mondiali, cala poco a poco nelle piccole storie della vita spicciola, nell'umanità del suo paese, della sua città, della sua famiglia, infine di se stesso. E' diventato inviato in proprio, inviato nel suo essere o tra quelli come lui: personaggi della vita di tutti i giorni, il vicino di casa, il compagno sconosciuto di un viaggio in treno, il tizio incontrato per caso in un posto qualunque. Crea così un filone letterario attualissimo, in un tempo in cui crescono i difetti degli uomini e cala in essi lo spirito autocritico.

L'autore descrive, nel vivace stile giornalistico che gli è consueto, i comportamenti e gli atteggiamenti caratteristici della psicologia individuale e collettiva quotidiana con le sue debolezze, ipocrisie, ambiguità.

Non moralismi ma autocritica, riflessione e comprensione.

L'AMERICANA

(...) accanto a casa mia vive una giovane coppia di americani, lui studia medicina all'università, lei è libera. Così quando ho un'ora libera anch'io, le telefono e lei arriva con i libri e i vocabolari. Gli americani mi piacciono per il loro pragmatismo. Per esempio, quando, alla fine della prima lezione, chiesi come dovevo regolarmi, se dovevo saldare il conto ogni mese, o se preferiva mandarmi ogni tanto il biglietto con le sue spettanze, lei mi rispose di darle subito tremila lire. E così faccio ogni volta. E ogni volta mi viene da pensare a tutti i giri che si fanno in Italia quando c'è da pagare qualcuno, non si preoccupi, me li darà: non si parla di danaro ma di onorario, si mettono i soldi in una bustina, i grandi clinici quasi si offendono ad affrontare certi argomenti e fanno cenno, infastiditi, che al di là della porta c'è l'infermiera per queste basse formalità.

Le nostre conversazioni in inglese sono molto varie.

Per esempio l'americana mi corregge spiegandomi (in italiano) la differenza fra "io ando a scuola" e "io sto vadando a scuola".

Allora io comincio a spiegarle i misteri del verbo andare, per cui noi "andiamo", ma essi "vanno".

L'americana mi ascolta con attenzione, prende degli appunti e conclude: essi vanno, essi sono vadati, essi vadarono. Allora le dico che il verbo andare è proprio un brutto verbo e glielo coniugo in tutti i tempi e in tutte le persone singolari e plurali.

A volte mi chiedo perché, alla fine della lezione, le tremila lire gliele do io.

Come tutti gli americani, la mia insegnante è spesso candida e non si rende conto delle situazioni che imbarazzano noi latini contorti e maliziosi.

Una volta ero nella mia farmacia, piena di gente, quando mi sentii salutare alle spalle. Mi girai, era lei che disse: hello, scusa se ieri non sono potuta ve-

nire a casa tua, ma sono dovuta uscire con mio marito. Non importa, le dissi mentre la farmacista mi osservava, ci vedremo un'altra votla. Lei sorrise e mi chiese: ma tu di sera non puoi mai? Cominciarono a guardarmi anche alcune signore che conoscevo di vista. Allora risposi che preferivo la mattina. Il dialogo andò avanti ancora un po' su questo tono, poi l'americana mi disse: bai, bai, aspetto una tua telefonata.

Avrei voluto chiarire, almeno con la farmacista, che l'americana mi perfezionava nelle "gerundive forms" e io la perfezionavo nel verbo andare ma, considerato che noi latini diciamo excusatio non petita [1] preferii lasciar perdere.

di Luca Goldoni tratto da "Fuori tema", Oscar Mondadori, 1980

---

[1] *Excusatio non petita... accusatio manifesta:* una giustificazione non richiesta equivale a un'aperta ammissione di colpa.

GENE GNOCCHI, il cui vero nome è Eugenio Ghiozzi, è nato nel 1955. Ha pubblicato i racconti: "**Una lieve imprecisione**" 1991, ed il breve romanzo "**Stati di famiglia**" 1993.

E' autore e protagonista di alcune trasmissioni televisive.

La vena umoristica di Gnocchi tocca nel romanzo "Il signor Leprotti è sensibile" 1995, i vertici di una malinconia quotidiana, descrive il mondo intorno a noi da una prospettiva bislacca, ma non per questo meno ricca di calore e di forza di comprensione. Leprotti è un uomo distratto e solitario. Osserva la vita nelle strade, la misteriosa organizzazione dei lavavetri ai semafori della città, e ripensa la propria vita iniziando da una infanzia segnata dai tentativi di seduzione da parte del parroco e dalla figura di una madre anziana, alquanto surreale. Insieme architettano progetti che non vedranno mai una realizzazione completa e si dedicano alle nefandezze più strane. Con questo testo l'autore entra nell'ambito più sorprendente e singolare della letteratura italiana contemporanea.

IL SIGNOR LEPROTTI È SENSIBILE

Nel settembre dell'ottantotto era mancato, per disattenzione della mamma, per due o tre volte, il sapone per lavarsi e lavare a mano le tre camicie che Leprotti si cambiava ogni due giorni (la domenica metteva una maglia girocollo blu) e alzando la faccia dalla forma passata con l'acqua tiepida Leprotti aveva, per istinto meccanico, cercato il cubo di sapone neutro per sfregarsi le guance contro i suoi angoli duri. Il sapone non c'era. Nemmeno per terra, dietro la vasca, dove scivolava finendo la corsa contro il mobiletto delle salviette e dei prodotti dell'igiene orale.

Leprotti aveva fregato più forte con le mani la faccia e le guancie aggiungendo tre passate di acqua tiepida e una di acqua fredda al solito lavaggio mattutino ma non gli era rimasta la sensazione di pulito del sapone spigoloso neutro. Anche dietro al collo non si sentiva a posto, l'attaccatura del collo se la sentiva rugosa.

"Guarda che manca il sapone", gli aveva gridato sua mamma mentre stava rifacendo i letti.

"Ho visto, - aveva risposto Leprotti infastidito, - non si può comprare un sapone alla volta, anche se è grosso".

Così quel giorno il sapone, nella sua consistenza di sapone, e cioè sapone intero come unione di sostanze alcaline, liscivie, con scarti di grassi animali o di oli vegetali comunque solubili in acqua, era stato l'argomento dei discorsi di Leprotti e della mamma.

Parlando di sapone, i due avevano convenuto che già la parola sapone aveva lo stesso sapore neutro del prodotto.

Il sapone, il sapone.

"Prova a ripetere per quattro o cinque volte la parola sapone", rideva Leprotti, sfidando sua mamma in quel gioco insensato e Lei, ubbidiente, a ripetere sapone, sapone, sapone, sapone, sapone, aveva sentito che in quel gioco di

sapone, aveva già preso sapore, odore e la sua massa spigolosa e cubica era diventata una palla priva di peso specifico, di una sua identità di sapone. Era diventata neutra anche la parola. Il sapone però mancava e parlarne al tavolino del cucinotto non lo faceva tornare se non come fantasma e anche se il fantasma del sapone aveva cominciato a girare sui Leprotti, il sapone non c'era, non era fisicamente presente per il lavaggio dei corpi.

I due Leprotti avevano allora cominciato a vagheggiare di scorte da tenere in casa, di grandi quantitativi cubici di sapone per la bisogna del lavaggio corporale e quindi del modo migliore per produrlo in casa.

In quindici secondi Leprotti aveva considerato sua madre e la sua vestaglia come il fondamento portante della sua esistenza sensibile. Più la vestaglia che la madre. Era un dettaglio, in fondo, che la madre abitasse da anni quella vestaglia e che anche le ciabatte fossero abitate dalle sue caviglie gonfie, caviglie pronte a far partire un nuovo embolo, rampe di lancio di emboli, piattaforme di portaemboli in partenza per ignote destinazioni.

Era lo stato della madre, il suo stato, quello stato di donna in vestaglia che per quindici secondi aveva preso Leprotti mentre il lettore Baracchi controllava l'acqua e il gas senza sapere se sarebbe morto o no.

Il passaggio dal quindicesimo secondo al sedicesimo secondo era stato la definizione di sua mamma come povera. Definitivamente povera. Certo i capelli non pettinati con la spazzola dovevano avere accentuato questa situazione di indigenza visibile a occhio nudo, ma Leprotti, tra il quindicesimo secondo e il sedicesimo aveva realizzato in modo sicuro la figura di sua madre Elsa, come donna di poche speranze enomiche, ridotta per sempre all'uso di una sola vestaglia, forse due vestaglie, ma non di più.

Nei dieci decimi di secondo che l'impressione si verificava come definitiva, dalle caviglie ai capelli, Leprotti aveva avuto il tempo, da persona sensibile, di leggere la marca della vestaglia assieme alle condizioni di lavaggio a secco e in acqua temperata.

(...) La lettura della marca della vestaglia; una marca di vestaglia non più in commercio, forse fallita o in regime di concordato preventivo, aveva introdotto Leprotti dal secondo diciassette e fino al secondo trentacinque, lo aveva cacciato in una specie di tunnel dove lo sguardo della madre aveva ricambiato il suo, ma in modo più penetrante gli aveva restituito, gli aveva rimandato indietro, quel senso definitivo del suo essere, ma ancora più netto, mettendolo a disagio.

Quella vestaglia, nei secondi dal diciassette al trentacinque, e quei due occhi di madre sempre negli stessi secondi, gli stavano dicendo indietro che cosa era lui e che cosa non era.

di Gene Gnocchi, Einaudi editore, 1995

1) INGLESI

Londra, Hyde Park. Un giovane inglese se ne sta seduto su di una panchina. Calmo, rilassato, tranquillo. Fra le mani ha un libro che legge con evidente interesse. Ma appena finisce di leggere una pagina, la strappa, l'accartoccia e la lancia nel parco.

Incuriosito da un simile atteggiamento, un poliziotto si avvicina.

"Mi scusi, ma cosa sta facendo", gli chiede.

"Non lo vede?", risponde il giovane un po' stupito, "sto leggendo!".

"Di questo me ne ero accorto", rincalza la guardia nella sua perfetta flemma, senza scomporsi, "ma perché strappa le pagine che ha appena finito di leggere e le lancia nel parco? Non lo sa che il parco è di tutti e va rispettato?".

"Ma è proprio per questo che lo faccio!", risponde immediatamente il giovane. "Così gli elefanti se ne stanno alla larga!".

"Ma guardi che qui non c'è nessun elefante!", dice il poliziotto.

Al che il giovane: "Allora, ha visto che funziona?".

2) SGUAIATI SGANASCIOSI

A quanto pare non si può proprio stare in pace! Fabio si è messo in testa di voler imparare a leggere e a scrivere, così potrà aprire un conto in banca, firmare assegni, andare al ristorante cinese e pagare il conto con la carta di credito. Mi chiedo se non ha niente di meglio da fare! Il grave è però che il capo ha pensato bene che a dovergli insegnare a far di conto toccasse al sottoscritto.

Così, armato di tanta buona volontà, comprensione, 10 confezioni di pastiglie contro il mal di testa e una bacchetta per le dita, ho cominciato a far lezione a quel pronipote di brontosauro.

Alla prima lezione gli ho insegnato l'alfabeto.

Al che Fabio ha cominciato subito a fantasticare sull'Alfaromeo.

Vagli a spiegare che non è la stessa cosa! Allora gli ho chiesto di dirmi le lettere dell'alfabeto. E sapete che cosa mi ha detto?
"Ma vuoi sapere le maiuscole o le minuscole?".

tratte da "Mondo ERRE", 1 novembre 1994.

3) CAPPUCCINO

Un frate si presenta in Paradiso.
"Aprite!"
"Chi è?"
"Un cappuccino"
"Nessuno l'ha ordinato"!

4) LAMPADINA

Il direttore di un manicomio, mentre sta facendo un giro d'ispezione, vede, con enorme stupore, un paziente aggrappato al soffitto.
"Ma che cosa fa quell'uomo lassù?"
"Crede di essere una lampadina"
"Fatelo scendere immediatamente!"
"Ma poi restiamo al buio!"

5) PESSIMISTA

"Sai" dice un amico a un altro "sto pensando che fra quindici giorni mia moglie è di nuovo qui"
"Ma è via da tanto?"
"No parte domani"

6) MOTIVO

Giudice: "Lei è stato sposato per 10 anni con questa donna e l'ha abbandonata senza una parola. Per quale motivo?"
Imputato: "Non volevo interromperla"

tratte da "Il grande libro delle barzellette"
di Gino Bramieri.

A | Rispondere alle domande

(sguaiati sganasciosi)
1. Cosa si è messo in testa Fabio?
2. Chi deve insegnargli a far di conto?
3. Qual è l'argomento della prima lezione?
(inglesi)
4. Chi è seduto su una panchina?
5. Che cosa sta facendo?
6. Che cosa gli dice il poliziotto?
7. Cosa risponde l'inglese?

B | Indicare il significato esatto delle seguenti espressioni

1. avere i piedi bien piantati
    a) essere razionali
    b) essere un agricoltore

2. avere la testa fra le nuvole
    a) avere il collo lungo
    b) essere distratti

3. fare mente locale
    a) concentrarsi in un determinato argomento
    b) essere incapaci di pensare

4. mettersi in testa qualcosa
    a) mascherarsi
    b) intestardirsi

5. far di conto
    a) calcolare
    b) picchiare qualcuno

6. armarsi di buona volontà
    a) impegnarsi con pazienza
    b) munirsi di armi non pericolose

Scrivere il contrario delle seguenti parole

calmo .... bello ....

avvicinarsi .... ricordare ....

rispondere .... ordine ....

sapere .... scendere ....

partire .... giusto ....

Discussione

Adesso tocca a Lei raccontare una barzelletta: ci faccia ridere!

CRUCIVERBA

L'ABBIGLIAMENTO

la sciarpa

la gonna

la camicia

i pantaloncini

il maglione

il vestito

il giubbotto

la cravatta

i pantaloni

i calzini

il cappello

gli stivali

le scarpe

la maglietta

i sandali

i guanti

la biancheria

il cappotto

le ciabatte

il pigiama

sei distratto?

 1 *Piove. Vai a scuola. Ma quando esci c'è il sole:*
- **a.** fai attenzione a dove hai messo l'ombrello, lo cerchi ed esci con quello.
- **b.** sei talmente sicuro di te che prendi il primo ombrello che ti capita.
- **c.** la bella giornata ti fa dimenticare l'ombrello a scuola.

 2 *Stai scrivendo gli auguri di Natale:*
- **a.** scrivi prima tutti i testi e poi gli indirizzi sulle buste.
- **b.** scrivi solo un augurio per volta, con il relativo indirizzo.
- **c.** scrivi prima gli indirizzi sulle buste e poi i testi.

3 *Giovedì devi andare al cinema con un amico:*
- **a.** te lo scrivi sul diario, sull'agenda o sul calendario.
- **b.** Giovedì? Quale giovedì?
- **c.** Sei sicuro di ricordartelo.

 4 *Vuoi indossare un maglione che ti è stato regalato l'anno scorso. Non lo trovi. La tua reazione è:*
- **a.** «Possibile che in questa casa non si trovi mai niente?».
- **b.** cerchi di fare mente locale per ricordarti dove l'hai messo.
- **c.** nei tuoi armadi tutto è disposto con ordine, perciò non fai fatica a trovarlo.

5 *Sei in un gruppo di amici. Ne vuoi chiamare uno:*
- **a.** lo chiami subito per nome.
- **b.** lo chiami con il nome di un altro.
- **c.** prima di chiamarlo, pensi un attimo a come si chiama.

Hai i piedi ben piantati per terra o hai sempre la testa tra le nuvole? Scoprilo rispondendo sinceramente a questa domande

 6 *Devi chiamare a casa:*
- **a.** componi il numero di telefono.
- **b.** te lo sei scritto su un foglio che tieni sempre nel portafoglio.
- **c.** devi cercarlo sulla guida telefonica perché non te lo ricordi.

 7 *Sei sull'autobus. Devi scendere:*
- **a.** controlli molto attentamente la fermata a cui devi scendere.
- **b.** talvolta scendi ad una fermata sbagliata.
- **c.** scendi sempre alla fermata giusta.

 8 *A scuola l'insegnante sta parlando di un argomento che ti interessa, ma non tanto:*
- **a.** ti sforzi di ascoltarlo.
- **b.** ogni tanto ti distrai ma cerchi di ritornare a seguirlo.
- **c.** lo segui per i primi cinque minuti, poi ti perdi nella tua fantasia.

 9 *Tuo papà ha la macchina:*
- **a.** sai che modello è, ma non ti ricordi la targa.
- **b.** ti ricordi esattamente la targa.
- **c.** non ti sei mai sbagliato nel riconoscerla. A te basta ricordare il colore.

10 *Hai voglia di un gelato:*
- **a.** vai al bar e te lo comperi.
- **b.** controlli quanto costa e se hai i soldi.
- **c.** tutti i gusti vanno bene, eccetto il cioccolato.

Risultati

Segna le tue risposte e, al termine, somma i punti ottenuti.

	1	2	3	4	5	6	7	8	9	10
a	3	1	2	1	3	3	3	2	1	2
b	1	3	3	2	0	2	2	2	3	3
c	0	2	1	3	1	0	3	1	1	1

SE HAI OTTENUTO 7 PUNTI
Sei sicuro di avere ancora la testa attaccata al collo? O forse l'hai dimenticata nel bagno? Eh sì, sei proprio un distrattone. Le brutte figure per te sono all'ordine del giorno. Ormai ti sei abituato e, anche se talvolta la cosa di dà fastidio, stai al tuo ruolo. Però sappi che a tutto c'è rimedio.
Che ne diresti di usare di più l'agenda per i tuoi impegni e di fare un po' più di ordine nella tua stanza?

SE HAI OTTENUTO DA 8 A 12 PUNTI
Sai di essere distratto e la cosa di infastidisce molto. Ti senti anche estraniato dai tuoi amici a causa della testa che è sempre sulle nuvole. La tua situazione tuttavia non è critica. Non agire d'impulso. Rifletti prima di fare qualcosa e soprattutto organizza la tua giornata, scrivendo quello che devi fare.

SE HAI OTTENUTO DA 13 A 19 PUNTI
La tua distrazione non è fisiologica. Il più delle volte è dovuta alla tua tensione. La paura di fare qualcosa ti fa dimenticare tante cose e ti complica la vita. Per cui, prima di lasciarti trascinare dagli eventi, fai una profonda respirazione e conta fino a dieci.

SE HAI OTTENUTO DA 20 A 25 PUNTI
Se talvolta ti capita di distrarti, non ti preoccupare, è più che normale. L'importante è non distrarsi nei momenti importanti: compiti, esami, interrogazioni, guida nel traffico, ecc. Però hai già scoperto che difficilmente ti distrai per le cose che ti appassionano. E allora, non ti resta che entusiasmarti anche per le cose più impegnative.

SE HAI OTTENUTO PIÙ DI 25 PUNTI
Sei quasi un computer. Complimenti hai i piedi per terra, sei concreto e non ti lasci abbindolare da soluzioni facili e inconsistenti. Sfrutta bene questa tua capacità. Sarà utile non solo per te, ma anche per gli altri.

tratto da "Mondo ERRE" 15 ottobre 1995.

BIBLIOGRAFIA

ALBERTINI E., BENDIN M., *Scrivere oggi*, Milano, 1990.

BALBONI P.E., *Guida all'esame di lingue straniere*, Brescia, 1986.

BALDELLI L., MAZZETTI A., *Vocabolario minimo della lingua italiana per stranieri*, Firenze, 1974.

BERTOCCHINI B., DE ANGELIS F., *Didattica delle lingue straniere*, Milano, 1978.

DARDANO M., *Il linguaggio dei giornali italiani*, Bari, 1981.

DE MAURO T., *Guida all'uso delle parole*, Roma, 1980.

DI NATALE F., *Appunti di storia della Prima Repubblica*, Perugia, 1994.

DI NATALE F., *Neologismi e plurali*, Perugia, 1995.

DI PIETRO R.J., *Lingue a confronto. Ricerche e problemi dell'insegnamento*, Roma, 1971.

FREDDI G., FARAGO LEONARDI M., ZUANELLI SONINO E., *Competenza comunicativa e insegnamenti linguistici*, Bergamo, 1979.

FREDDI G., *Metodologia e didattica delle lingue straniere*, Bergamo, 1970.

GABRIELLI A., *Dizionario dei sinonimi e contrari*, Milano, 1969.

KATERINOV K., BORIOSI KATERINOV M.C., BERRETTINI L., ZAGANELLI G., *L'insegnamento della cultura e civiltà nei corsi di italiano L2*, Perugia, 1983.

LABINI P.S., *La crisi italiana*, Bari, 1995.

MIGLIORINI B., *Storia della lingua italiana*, Firenze, 1978.

SANTAMARIA D., *Fondamenti teorici nei programmi di area linguistica della scuola italiana*, in «Perugia scuola» a cura del Provveditorato agli studi di Perugia, Anno VI, n° 1-2, Perugia, 1986.

SCIARONE A.G., *Vocabolario fondamentale della lingua italiana*, Bergamo, 1977.

WILKINS D., *Linguistica e insegnamento delle lingue*, Bologna, 1973.